동백꽃똥구멍쪽쪽빠는새

2024

동백꽃똥구멍쪽쪽빠는새

김해인 시집

사이재

시인의 말

1

『당당한 영랑생가』
『모란을 위하여』
『동백꽃똥구멍쪽쪽빠는새』
『동백꽃똥구멍쪽쪽빠는새』(시조집)
『영랑생가에게 면목없다』
『영랑생가 은행나무에 대한 몽상』
『영랑생가 내 눈결에 쓰인 것들은』
『영랑생가가 나에게 신신당부하다』
『영랑생가는 시문학의 성지다』
『영랑생가 꽃나무들이 구김살이 없다』

『다시 태어난 현구생가』
『다시 태어난 현구생가가 마음을 다잡다』
『다시 태어난 현구생가가 카이저 수염을 하다』

『강진시문학파기념관』
『시문학파기념관에서 자작나무를 만나다』
『시문학파기념관은 시문학답사 일번지다』
『내가 시문학파기념관이라면』
『시문학파기념관이 독서삼매에 빠지다』

말이 필요 없다

2

디카시집
『영랑생가는 시문학의 성지다』에 나오는
사진들을 보고
이번에는
겨레의 숨결인
3장 6구 12음보 45자 안팎
시조로 접근하였다

내가
나를 못 말린다

2024년 여름
일속산방―粟山房에서
작시치作詩痴 김해인

차례

동백꽃똥구멍쪽쪽빠는새

시인의 말

1부

김영랑 13
대숲 15
동백나무 17
동백꽃똥구멍쪽쪽빠는새 18
동백꽃 19
영랑생가는 21
살구나무 23
감나무 25
청시 26
차꽃 27
까마중 28
우물 29
좀도리 30
직박구리 31
모란 33
모란 34
영랑생가 35
능소화 37

2부

장광 41
계단 43
맷돌 45
절구통 47
장롱 49
부엌 50
무쇠솥 51
재봉틀 52
물레 53
호롱불 54
풍로 55
키 57
요강 58

3부

댓돌 위 흰고무신 61
주련 63
여물통 64
소나무 65
석류 66
자목련 67
까치 68
툇마루 69

보리수 70
배롱나무 71
꽃무릇 73
채송화 75
은행나무 77
돌담 79
담쟁이 80
돌방울 81
단풍나무 82
맥문동 83
헛간 84

4부

김현구 87
현구생가 89
수선화가 시들다 90
살구나무 91
능소화 92
남촌 93
물과별 95

1부

김영랑

「모란이 피기까지는」 모르는 한국사람이 없다

「돌담에 속삭이는 햇발」 모르는 한국사람이 없다

육이오
한국전쟁의
희생양이 되었어도

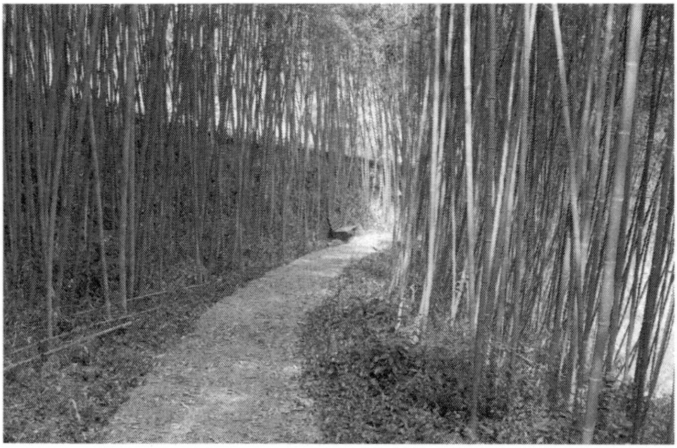

대숲

내려다보는
재미가
그야말로 쏠쏠하다

속은
텅 비웠어도
사철 푸른 비결은

먼 훗날
뭘로 태어나나
그게 관건이지만

동백나무

최승희를 알면 안막을 알 것이다

최승일을 알면 마재경을 알 것이다

알아도
입을 봉하니
물어볼 필요 없어

동백꽃똥구멍쪽쪽빠는새

동박새를 두고 하는 말로 오독한다

직박구리를 두고 하는 말로 오독한다

쪽쪽쪽
동백꽃 똥구멍을
쪽쪽 빠는 나인 것을

동백꽃

모감지째
떨어지는
그댈 받아내느라

무진
애를 쓰는 걸,
안채 뒷마당이

즐거운
비명이란 말이
그댈 위해 태어났지

영랑생가는

동백꽃으로
도배한
뒷마당이다, 영랑생가는

이 말이
뭔 말인지
와서 보면 알 것이다

앞마당
모란이 들으면
서운하겠지,
무척

살구나무

봄날엔
내 눈을
호강하게 해 주고

여름날엔
내 입을
호강하게 해 주고

시까지
안겨 주다니,
계절에 상관없이

감나무

장광 옆 감나무가 자부심이 대단하다

'오매 단풍 들것네'가 세상에 얼굴 내미는 데

선대가
기여한 것을
잊을 리가 있겠는가

청시

아예
떫은 시절을
거치지 아니하고

그냥
단 시절을
맞이할 수 있을까

좌우간
그런 세상은
어디에도 없는 것을

차꽃

미처
죽로차를
떠올리지 못하고

꼽사리
끼었다고
생각했지,
대밭에

저것 봐
치자꽃 못지않게
귀티 나는 걸,
꽃도

까마중

남을
괴롭힌 적이
단 한 번도 없거늘

남에게
나쁜 말을
뱉은 적이 없거늘

돌틈에
떨어지다니,
박토보다 더 못한

우물

별들이
자유자재로
드나들 게 열어놓지

우물이
숨쉬도록
활짝 열어 놓지

별들이
달아날까 그러나,
전에 붙들어 놓은

좀도리

구색을 맞추려고 장광이 초대했나

부승이 할 일을 장광이 하다니

절미가
좀도리인 걸
오늘에야 깨우치다니

직박구리

초라니란
말을
들을 수밖에 없다

나는
모양새가
어찌 저 모양인가

아무리
고치려 해도
고쳐지지 않는다니

모란母蘭

산모의
젖가슴만치나
풍만한 모란이

수컷 모牡
붉을 란丹
모란이 아니라

어미 모母
난초 란蘭이라 해도
이상할 게 하나 없지

모란

먼 걸음을 한
길들의
기대에 미치겠지

세계모란공원이
뒤에서
팍팍 밀어주잖아

그걸로
부족하다고
사철모란원까지 동원하였으니

영랑생가
 - 6월

보은산 소쩍새 울음소리로 뭘 할까

보은산 뻐꾹새 울음소리로 뭘 할까

주야로
머릴 싸매다
저리 헬쑥해졌나

능소화

저걸 부잡하다고 말하기도 그러고

저걸 음탕하다고 말하기도 그러고

보기가
민망한 것은
사실이지만, 누가 봐도

2부

장광

장유유서에 따른 줄 알았더니 그게 아녀

키 순, 키 순으로 자리를 정하다니

저러단
위계질서가
깨지기 십상인데

계단

계단이
몇 개인지
세며 올라간 길과

아무
생각 없이
그냥 올라간 길과

죽는 건
마찬가지나
사는 건 다르겠지

맷돌

집 나간
어처구니는
언제 돌아오려나

집 나간 걸
누가 알면
가만두지 않을 텐데

누구도
눈치 못 채지,
나만 입을 봉하면……

절구통

독수공방
신세를
언제나 면할라나

여전히
독수공방하며
세월을 죽이다니

누가 좀
신경 써 주지,
그냥 내버려두다니

장롱

저게
연출임에
틀림없다, 누가 봐도

곱게,
곱게 늙었단
말로도 안 통한다

낯짝이
저리 팽팽하니
누가 믿겠나, 저걸

부엌

어디 보자
어디 보자
구색이 안 맞는다

부승에
좀도리가
어데 가고 안 보인다

그밖에
또 뭐가 없나,
뭘 알아야 찾아내지

무쇠솥

그냥
놀고 지낸 게
햇수로 몇 해인가

힘들었어도
그때
그 시절이 좋았는데

불길과
의기투합할
기회가 전무하니

재봉틀

잘빠졌다고
하면
아부한다고 할 것이다

내가
재봉틀에게
아부할 게 뭐가 있나

일감이
전혀 없으니
빈둥빈둥 놀 수밖에

물레

일감을 주는
이가
어디에도 없기에

추억을
반추하며
시간을 보낸다며

지겨워
죽겠다는 말을
뱉은 적 있나,
없나

호롱불

영화
촬영할 때
소품으로나 쓰이지

발붙일
곳이
지금 어디에 있나

인자한
영랑생가가
그대를 챙긴 것을

풍로

풍로 하면
왕겨가
바로 얼굴 내민다

이왕이면
왕겨까지
동원할 것이지

생각이
미치지 못한 걸
누굴, 누굴 탓하랴

키

말매미가
나무에
붙어 있지 않고

부엌의
벽에
붙어 있는 사연은

내 눈에
뭔 일이 있나,
뭐가 크게 잘못됐나

요강

모란인가 작약인가 헷갈릴 수밖에

꽃만 얼굴 내밀고 나머지는 없으니

마루밑
손닿는 곳에
처박힌 지 몇 해인가

3부

댓돌 위 흰고무신

댓돌 위
흰고무신을
흰나비라 풀어먹고

부두에
정박한
배라고 풀어먹었는데

오늘은
뭐라 풀어먹나,
댓돌 위 흰고무신을

주련

오랜만에
마주치면
까막눈이 되고 말아

전에
알아봤어도
또 알아볼 수밖에

이번엔
스마트폰에
저장해 두어야지

 * 林茂鳥知歸(임무조지귀): 숲이 짙으면 새가 날아든다는 뜻.
〈두보의 시〉
* 水深魚自樂(수심어자락): 물이 깊으면 고기가 헤엄치기 좋다는 뜻.
〈두보의 시〉
* 非貪眼界寬(비탐안계관): 탐욕을 버리면 안개가 걷힌다는 뜻.
〈왕유의 시〉
* 直臣心期遠(직신심기원): 강직한 신하는 마음으로 먼 날을 기약 한
다는 뜻. 〈왕유의 시〉
* 執衽采藥決渠灌花(집임채약결거관화): 옷소매 걷어 올리고 약초를
캐고 개울물 막아 꽃에 물을 준다는 뜻. 〈사마광의 시〉

여물통

의기투합한 이는
쇠죽솥이고,
그대와

동고동락한 이는
소인데,
그대와

그대뿐
쇠죽솥과 소는
코빼기도 안 비치니

소나무

말나무는
없어도
소나무는 천지인데

명품인
소나무를
사랑채가 챙기다니

명품에
시가 없다니,
그 말이 뭔 말인가

석류

햇빛과
물결이
의기투합하여 태어난

보석은
반짝여도
실속이 없는데

해와 달,
별빛으로 빚은
보석은 실속이 있어

자목련

껍질을 깨고 나온 병아리나 다름없다

삐약삐약 소리 내지 않을 뿐, 모든 게

부리를
벌리는 것 봐
먹이를 달라고

까치

우리보다
설날이
하루 앞인 까치가

영랑생가
문화해설사라면
누가 믿겠는가

더불어
시낭송가로
활약이 대단한 걸

툇마루

사개 틀닌
툇마루에게
장기를 배웠다

낙장불입落張不入
아닌
일수불퇴一手不退도 배웠다

눈앞에
고희의 강을 둔
나보다 더 늙었다

보리수

포리똥나무 하면 머슴 이름 같아도

보리수나무 하면 귀티가 팍 나는 걸

이름이
운명의 지침을
돌려놓을 수 있지

배롱나무

소시적 간지럼나무라 부르며 간지럽혔는데

지금도 내 눈빛이 가만두지 않는데

좌우간
누구도 몰래
혼자 재미보는 걸

꽃무릇

짓궂은 바람에도 꺼지지 아니하고

얄미운 바람에도 옮겨붙지 아니하고

이름을
잘못 불러도
인상을 안 구기니

채송화

채씨 족보에 올리면 좋겠는데

채씨 가문이 어떻게 생각할라나

이름을
더럽힌 적 없으니
흔쾌히 받아줄라나

은행나무

사랑채가
애지중지하는
은행나무는 목탑이여

시계
반대 방향으로
탑돌이하는 것 봐

돛대인
은행나무가
목탑까지 겸하다니

돌담

돌담
돌멩이들도
의리가 있는 걸

적재
적소에서
임무를 다하잖아

누구도
요령 피우거나
등돌린 적이 없어

담쟁이

그냥
수 놓는다고
생각했지, 한때

자신들의
생애사를
담장에 쓰는 것을

누구도
못 알아보는
자신들만 알아보는

돌방울

물방울은
결국
어디론가 사라지는데

돌방울은
사라질
생각이 전혀 없네

영원히
그냥 그 자리를
고수할 생각인가

단풍나무

해와 달,
별빛을
챙기는데 일인자지

다
내려놓으면서도
챙기는 걸 보면

해마다
똑같은 일을
반복하는 건
또……

맥문동

영랑의
「가늘한 내음」에
출연한 저 보랏빛

목월의
「보랏빛 소묘」도
아마 저 보랏빛

사의재
물과별 시선의
면지도 저 보랏빛

헛간

나와
거리가 먼 게
한두 가지가 아녀

이름을
모르니
불러줄 수도 없어

저들이
날 알아볼 리가,
자신들을 몰라보는

4부

김현구

니체에 꽂힌 걸 아는 이 많지 않다

베르그송에 꽂힌 걸 아는 이 많지 않다

언제나
구구팔십일인
검정비둘기로 잘나가지

현구생가

지금
영랑생가가
양장본 시집이라면

지금
현구생가는
무선제본 시집이여

좌우간
양장본 시집으로
복원해야지, 현구생가를

수선화가 시들다

수선화가 달빛을 챙긴 게 사실이다

달이 달빛을 다시 가져갔다

줬다가
다시 뺏다니,
세상에 이럴 수가

살구나무

영랑생가
살구맛이
어떤 맛인 줄 알면

현구생가
살구맛이
어떤 맛인 줄 알면

누구도
가만두지 않으니
몰라야 하네, 맛을

능소화

봄날 현구생가는 수선화가 끝내주고

여름날 현구생가는 파초가 끝내준다

아니다
파초와 능소화가
끝내준다, 여름날은

남촌

나대고 설치고와 거리가 아주 멀다

뽐 잡고 뻐기고와 거리가 아주 멀다

눈보라
눈보라에도
끄떡없이 버티다니

계간 문예지

물과별

2024
봄

발간사 김재석

명시 감상 김영랑

디카시 오대환 김재환 김재석

초대 시인 감문자 김성희 박미림 서봉교 이권 임경남
　　　　　임원식 조민호

숨은 꽃 이담하

기획 특집 김밝은 김부회 공공도 이산정

참여 시인 감숙경 김영애 김영주 김정애 김겨란 김철선
　　　　　서수경 신종구 우동식 조영섭 주병국 황유미

수필 김정운 숲屋辰 김현임 박복례 송은일 윤영갑

영화 이야기 정희

해설 김재석, 이정훈

물과별 신인 하창호(시) 심사평 김재석

물과별 신인 안순희(수필) 심사평 숲屋辰

유고 시인 박남인

추모 산문 박관서

사의재

물과별

셈해지지
않는
별들을 챙기는

《물과별》의
발원지는
영랑의 시 「물 보면 흐르고」다

영랑이
이 사실을 알면
입이 벌어질 거다

사의재 정형시선 16

동백꽃똥구멍쪽쪽빼는새

1판 1쇄 인쇄일 ｜ 2024년 4월 25일
1판 1쇄 발행일 ｜ 2024년 5월 1일

지은이　　김해인
펴낸이　　신정희
펴낸곳　　사의재
출판등록　2015년 11월 9일　제2015-000011호
주소　　　목포시 보리마당로 22번길 6
전화　　　010-2108-6562
이메일　　dambak7@hanmail.net
© 김해인, 2024

ISBN 979-11-6716-103-1 03810

지은이와 출판사의 동의 없이 이 책의 내용 중 전체 또는 일부를 인용하거나 발췌하는 것을 금합니다.

값 12,000원